W0461363

Copyright © für die deutsche Ausgabe
Parragon Books Ltd
Queen Street House
4 Queen Street
Bath BA1 1HE, UK

Die vollständige oder auszugsweise Speicherung,
Vervielfältigung oder Übertragung dieses Werks,
ob elektronisch, durch Fotokopie oder Aufzeichnung,
ist ohne vorherige Genehmigung des Rechteinhabers
urheberrechtlich untersagt.

Realisation der deutschen Ausgabe:
trans texas publishing, Köln
Übersetzung: Ronit Jariv, Köln

ISBN 978-1-4454-7097-9
Printed in China

Danke, dass du mein Freund bist

Peter Bently   Gill McLean

Parragon

Bath • New York • Singapore • Hong Kong • Cologne • Delhi
Melbourne • Amsterdam • Johannesburg • Auckland • Shenzhen

Die Nacht war dunkel. Nichts rührte sich im Kinderzimmer.

Nichts außer einem Knäuel buntem Geschenkpapier, das auf dem Bett lag.

Das Papier raschelte.

Es knisterte.

Es zitterte.

Zum Vorschein kam ein Spielzeugpferd.
„Hallo!“ sagte das Pferd. „Ich bin Cleo. “

Aber niemand antwortete.

Cleo trottete
über das Bett.
„Wo sind denn
hier alle?“,
fragte sie sich.
„Ich habe
Angst im
Dunkeln und …

Uff!“

Cleo Purzelte

auf den Boden.

Im Dunkeln bemerkte Cleo seltsame Umrisse.
„Mir ist ganz unheimlich“, flüsterte sie.

„Ich kann **Monster** sehen!“

Da gab es ein dünnes Monster ...
ein dickes Monster ...
ein langes Monster ...
und ein kopfloses Monster!

Cleo sah ein schwaches Glimmen. Ein Licht! Um die Monster nicht aufzuwecken, schlich sie auf Zehenspitzen zu Tür.

Sie Stolperte auf den Flur hinaus.

„Oh“, sagte Cleo,
„das ist ja nur der Mond.“
Plötzlich schob sich eine Wolke
vor den Mond und alles wurde
stockfinster.

Auf einmal
machte es von
unten

BIMM!

BAMM!

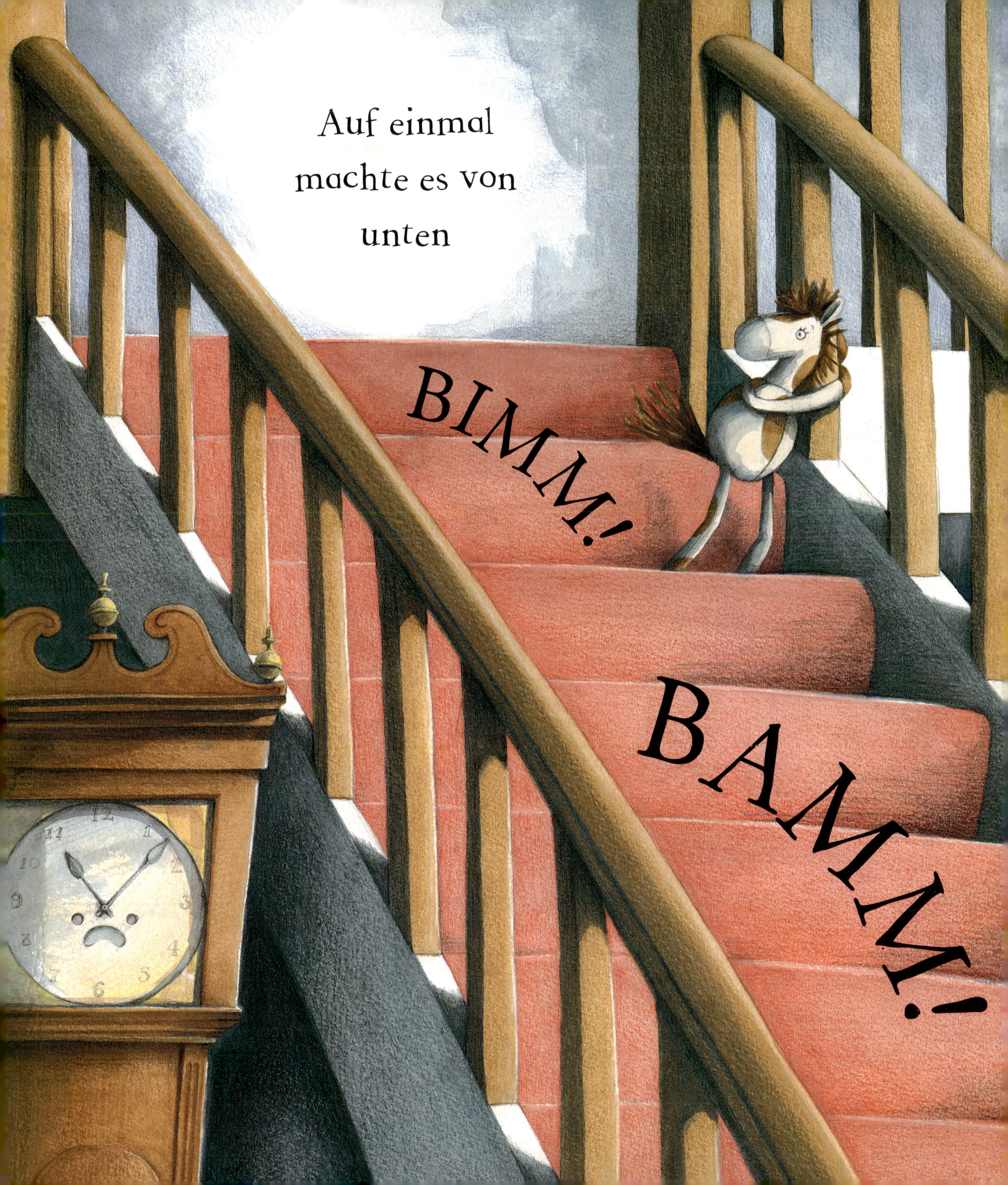

Cleo stand vor Schreck die Mähne zu Berge.
„Noch ein Monster!“, winselte sie.

BIMM!

BAMM!

„Hilfe!“,
wieherte Cleo.

Cleo drehte sich auf den Hufen um und galoppierte dahin zurück, woher sie gekommen war.

Sie stürzte ins Kinderzimmer und stolperte über etwas, das auf dem Boden lag.

„Ey!“, stöhnte das Ding schläfrig.
„Wer … wer bist du denn?“

„Ich bin C-Cleo“, stammelte Cleo.
„B-bitte friss mich nicht auf!“

Dann kam der Mond wieder hervor und
Cleo sah, dass das Ding eine flauschige, gelbe
Ente war. „Ich bin Daphne“, sagte die Ente.
„Warum sollte ich dich denn fressen?“

Cleo erzählte Daphne von den Monstern.
„Die Monster werden dich nicht auffressen“, sagte Daphne.
„Versprochen?“, fragte Cleo und gähnte.
„Versprochen“, sagte Daphne. „Möchtest du dich neben mich kuscheln?“
„Au ja“, sagte Cleo. „Du gehst doch nicht weg, oder?“
„Nein. Hier bist du sicher“, sagte Daphne. „Gute Nacht.“

Schlaf schön!

Am nächsten Morgen schaute Cleo
unter Daphnes Bettdecke hervor.
Sie blinzelte ins grelle Sonnenlicht.
„Guten Morgen, Schlafmütze“, quakte Daphne.
„Komm mit! Ich stelle dir die Monster vor!“

Cleo schoss zurück unter die Bettdecke. „Keine Sorge“, sagte Daphne lachend, „die fressen dich nicht. Das habe ich dir doch versprochen.“

Das dünne Monster war …

eine Lampe!

Das dicke Monster war …

ein Berg Kissen!

Das lange Monster war … ein Schrank!

Das kopflose Monster war …

ein Bademantel!

Und das, welches Cleo verfolgt hatte, war ...

eine
Standuhr!

Tick
Tack
Tick
Tack

„Ich bin ganz schön dumm gewesen“, sagte Cleo.
„Nein, gar nicht“, sagte Daphne.
„Viele Dinge sehen im Dunkeln unheimlich aus.“

„Jetzt, wo du meine Freundin bist, habe ich bestimmt keine Angst mehr“, sagte Cleo.

Ende